Ekrem Bektaş

HAYVANLAR KONUŞA KONUŞA...

iconinn

HAYVANLAR KONUŞA KONUŞA
Ekrem Bektaş

iconinn
5. Etap Salacak Sitesi A9/44
Başakşehir-İstanbul
Tel: 0212 445 88 76
www.icon-inn.com
info@icon-inn.com

ISBN: 978-605-5007-10-2
Sertifika No: 29060
Resimleyen: Kemal Yargıcı - İbrahim Aliustaoğlu
Dizgi: Gülhan Özalp
Editör: Barış Kahramantürk
Kapak ve İç Tasarımı: Ferhat Çınar
Baskı - Cilt: Ezgi Matbaacılık
0212 452 23 02 **Sertifika No:** 12142
Basım Yılı: 2013

İÇİNDEKİLER

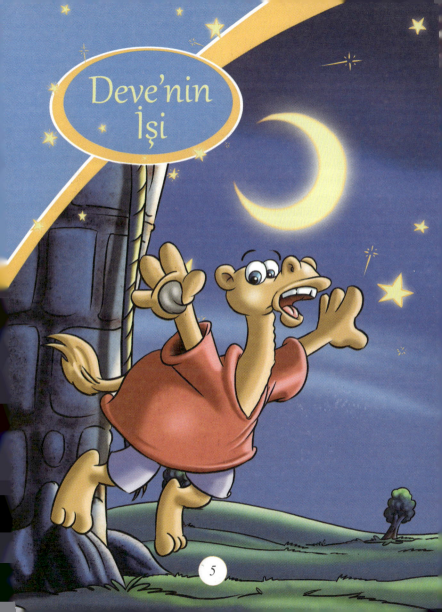

Bir zamanlar bir deve yük çekmekten sıkılmış, sahibinin yanına gitmiş:

— Bana başka bir iş ver, demiş.

— Ne iş vereyim ki? Sen devesin, ölünceye kadar yük çekersin.

Deve ille de başka bir iş istemiş:

— Ben her işi yaparım, demiş.

Sahibi ne desin deveye, başlamış düşünmeye. Sonra birden bire aklına gelmiş:

— Bizim köpek yaşlandı, demiş... Gece gündüz uyuyor, hırsız gelse duymuyor... Köpeklik yapar mısın? Gece gündüz havlar mısın?

Deve sevinmiş:

— Bu tam benim işim, demiş, köpek olmayı benimsemiş.

Gündüzleri kemik yalamış, geceleri

havlamış... Havlamış dediysek de inanmayın, köpek gibi havladığını sanmayın. Sabahlara kadar deve gibi bağırmış durmuş, devenin sesinden herkes rahatsız olmuş. Çiftlikte rahat huzur kalmamış, sabaha kadar hiç kimse uyumamış.

Devenin sahibi bakmış ki olmayacak, çiftlikte rahat huzur kalmayacak, deveye başka bir iş vermiş:

– Eşeğin ayağı incinmiş, bari sen eşek ol, demiş.

Deveyi, eşeğin yerine suya göndermiş. Suyun yolu dikenliymiş taşlıymış, zavallı devenin ayakları yumuşakmış. Yere bastıkça canı yanmış, ayakları yaralanmış, kanı akmış...

Sa-
hibi
de-
veye
acımış:
— Bari sen
tavuk ol, diyerek
kümese atmış.
Kümes rahatmış
ama deveye biraz
dar gelmiş, darlığa kat-
lanacakmış ama yumurt-
lamak zor gelmiş... Devenin sahibi
bakmış ki olmayacak, deve iki gün
daha kalsa kümesi yıkacak...

Tutmuş devenin kuyruğundan
fırlatıp atmış, deve havada dönerek
dört ayağının üzerine düşmüş. O
zaman sahibinin aklına gelmiş:

– Sen bundan sonra kedi ol, demiş. Kedi ne yapar? Ayak altında gezinip miyavlar, karnı acıkınca fare avlar... Deve başlamış fare aramaya, köşe bucak taramaya...

Bu fareleri yakalamak zor olacak, o kadar küçükler ki sanki devede kulak... Ne zaman ki deve ağzını açıyordu, her biri bir deliğe kaçıyordu. Deve çok uğraştı fareleri tutmaya, midesi uygun değildi tuttuğunu yutmaya... Hemen sahibinin yanına gitti:

– Bu kedilik bana uymadı, dedi... Bana başka bir iş ver, eminim başarırım bu sefer...

Devenin sahibi deveye çok kızdı, demediğini bırakmadı, ağzını bozdu:

– En iyisi bu deveyi atayım, kim alırsa beş paraya satayım. Bu devenin bu çiftlikte işi yok, onun işini yapacak hayvan çok! Bunun elinden hiçbir iş gelmiyor, o kadar şans tanıdık, kıymetini bilmiyor...

Bu sözler devenin kulağına gitmiş, deve çok korkmuş... Hemen aklını başına almış, sahibinin yanına varmış. Selam vermiş, şöyle demiş:

– Sevgili sahibim, sana bir sır vereyim, ben ne köpeğim ne eşeğim, yumurta yumurtlayamam, fare tutamam... Hele sen bak şu devene... Güçlüyüm, kuvvetliyim, yük taşımakta dene... Sahibi başını sallamış, devenin akıllandığını anlamış. Sırtına yükü vurmuş, devenin işi buymuş..."Herkes bakar insanın işine, bakmazlar gözüne kaşına!"

Önemli Olan Nedir?

Köyün birinde bir eşek varmış, sahibinin her işini fazlasıyla yaparmış... Sahibi onu bazen başkasına verirmiş. Eşek, "bana ne " demez, gider gelirmiş.

Hem kuvvetli, hem cesurmuş, en ağır yükleri taşırmış. Köydeki bütün eşekler bu eşeği kıskanırmış. Bir gün köyün eşekleri aralarında anlaşmışlar:

— Bu çalışkan eşeği köyden kovalım, demişler.

— Nasıl edelim? Ne edelim? Gitmesi için ne diyelim?

Eşeklerin en eşeği:

— Siz bana bırakın, demiş ve çalışkan eşeğin yanına gitmiş:

—Sen bu çalışkanlıkla saraylara yarışırsın, demiş,

sonra devam etmiş:

— Seni burada harcıyorlar, kıymetini bilmiyorlar. Diğer bütün eşeklerle seni bir tutuyorlar. Sen saraya gitsen rahat edersin, tahtta oturursun, sultanın sofrasında yersin...

Çalışkan eşek pek fazla düşünmemiş. Kendine çok güvenmiş:

— *Gidip saraya bakayım,*
Tahta çıkıp oturayım,
Sultanımız beni görsün,
Onun eşeği olayım, demiş.

Eşek, sarayın kapısına gitmiş, anırarak selam vermiş. Nöbetçiler şaşırıp kalmış... Zavallı eşeği, daha sultanı görmeden, halini-hatırını bile sormadan, tutup ahıra atmışlar, kapısını kapatmışlar.

Ahır eşekle doluymuş, en genç olanı buymuş. İçlerinden birisi gelmiş, bizim eşeğe selam vermiş:

— Niye geldin? diye sormuş.

— İstedim ki sultanı sırtıma bindireyim, biraz gezdirip eğlendireyim...

Yaşlı eşek biraz gülmüş, sonra dönüp öğüt vermiş:

— Sultanlar hep ata biner, hiç biri eşeğe binmez, demiş.

— Ama ben başka eşeğe benzemem!

— Ben de olsam senin sırtına binmem!

— Öyleyse burada bana göre ne iş var?

— İyi bir eşek her işi yapar...

— Öyleyse bana akıl ver, bir yol göster.

23

— Yarın al küfeleri sırtına,
Hiç bakmadan ardına,
Erkenden gel bizimle
Atların ahırını temizle...

Eşek, bu sözlere çok üzülmüş, gözlerinden yaşlar süzülmüş. Ne ummuş da ne bulmuş, ama başka çaresi yokmuş. Günlerce ahır temizlemiş, eski işini özlemiş. Geldiğine pişman olmuş, kimseye söyleyememiş. Yaşlı eşek, her gün bizim eşeği izlemiş, her yaptığını gözlemiş. Bakmış ki çok çalışıyor, her işe yakışıyor. Yanına yaklaşmış, gülümsemiş:

— Aferin sana! demiş...

Elinden her iş geliyor, her yaptı-
ğın yakışıyor. Seni tebrik ediyorum,
başarılar diliyorum.

Bizim eşek gülümsemiş:

– Tebrik etmeye değmez, demiş.
Köyde daha az çalışıyordum, ora-
da da tebrikler alıyordum. Buraya
geldim ama umduğumu bulama-
dım, bir at kadar olamadım. Meğer
"eşek" her zaman eşekmiş, bir adım
ileri gitmezmiş.

Yaşlı eşek, bizim eşeğin derdini
anlamış, sırtını sıvazlayıp gönlünü
almış:

– Üzülme, demiş,
sakın üzülme.
İster eşek ol ister
at, önemli olan şey,
işini güzel yap...
İşini düzgün yapan

eşek, attan üstün sayılır, işini düzgün yapmayan at eşekten geri kalır. "Bana göre bu dünyada en iyi yol, tembel bir at olmaktansa çalışkan bir eşek ol!"

Bizim eşek öğüdünü almış, saraydan kaçmanın bir yolunu bulmuş. Doğruca köyüne gitmiş, sahibi çok sevinmiş. Sırtını ağaca yaslamış, eski işine başlamış. Bunu duyan o en eşek, bizim eşeği bulmuş:

— Neden geri geldin? demiş.

— İlgiden çok sıkıldım, bırakıp geri geldim. Ne zaman yemeğe otursam, sultan yanıma geliyordu "Seninle birlikte

yiyebilir miyim?" diyordu. Çoğu zaman tahta beni oturtup, kendisi gezmeye gidiyordu... Emir vermekten sıkıldım, nerdeyse eşeklikten çıktım. Mühürü sultanın önüne attım, bırakıp kaçtım.

Bunları duyan o eşek, akşam zor etti. Gecenin karanlığında saraya doğru gitti. Ne bir daha geri geldi, ne de bir selam gönderdi.

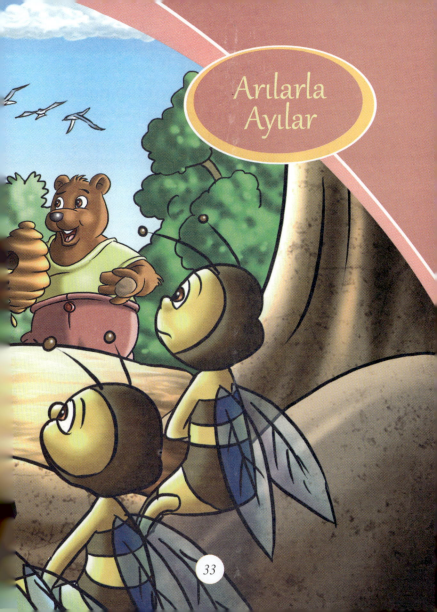

Arılarla Ayılar

Ormanların birinde iki ayı yaşarmış, ikisi de birbirinin yardımına koşarmış. Bu iki ayı birbirini çok severmiş, sadece yedikleri ayrı gidermiş. Bu ayılar en çok balı severmiş, her gün beraber oturup parmak parmak bal yermiş...

Nerden bulur bu ayılar bu balı? Her halde etrafta kovanlar olmalı... Elbette bir ayı balı balcıdan almaz, ayının parası olsa balı kovandan çalmaz...

Arılar bıkmış bu ayıların hırsızlığından, diğer hayvanlar bile bıkmış ayıların arsızlığından... Ne zaman ayılar bal çalsa orman huzursuz oluyor, ormanın her tarafı

vızıltıyla doluyor; bazen de günahsız hayvanlar arıların kurbanı oluyor...

Ayılarla başa çıkılmaz, adı üstünde "ayı", oyun oynasa bile kalkıp yıkar dünyayı... Arılar ne zaman bal yapsa ayılar çalışıyormuş, çaldıkları bu balı ayı gibi yiyormuş.

Arılar düşünmüşler:

— Acaba ne yapmalı? Ayılardan nasıl korumalı bu balı!

Arılardan bir arı:

— Toplantı yapalım, demiş.

Her kovan, toplantıya bir temsilci göndermiş. Herkes fikrini söylemiş, bilge bir arı:

— Bal yapmayalım, demiş.

Bu sözün üzerine bir uğultu yükselmiş...

Bilge arı niyetini anlatmış, bilge arının niyeti akıllarına yatmış.

Böylece arılar uzun bir zaman bal yapmadılar, ayıların canı bal istedi ama bulamadılar. Arıların peşinden dolanıp durdular.

Aradan günler geçti, haftalar geçti; iki ayı bal bulamayınca delirdi. O kızgınlıkla etrafa saldırdılar, sineklere bile:

— Bize bal verin, diye yalvardılar.

Balsızlık iyice başlarına vurdu, hiçbir şey düşünmeyince akılları durdu... Bilge arı, kovandakilere:

— Bir parmak bal yapın! diye duyurdu.

Bütün arılar üç gün çalıştılar, çiçekten çiçeğe kondular, bir parmak balı kovanın önüne koydular, kokusunu ormana yaydılar...

Ne zaman ki balın kokusu ayıların burnuna geldi, zannedersin ki iki ayı delirdi... İkisi de koştu baktı, kır ayı bir parmak balı kaptı, ağzına attı...

Boz ayı, kır ayının boğazını sıktı, ağzındaki bal dışarı çıktı. Bu sefer boz ayı balı kaptı, ağzına atıp yuttu.

Bir parmak bal, birine bile yetmedi. İki ayı saatlerce kavga etti. Birinin kulağı koptu, birinin başı yarıldı, ikisi de birbirinin boğazına sarıldı.

Üst üste, alt alta yuvarlandılar, her tarafına diken battı, yaralandılar. Sonunda güçleri tükendi, yere uzandılar.

Tam bu sırada arılar geldi, arıların geldiğini ayılar gördü. Ayıların kuvveti kalmadı, ikisi de kolunu kaldıramadı... Arılar başladı iğnelemeye, ayılar tövbe etti bal yemeye.

Kimisi dudağından, kimisi kulağından, kimisi koca burnundan, kimisi göz kapağından... ayılar şiştikçe şişti, yaraları piştikçe pişti.

Yerlerinden zor salındılar, yokuş aşağı yuvarlandılar... Eski dostluklarını unuttular, birbirlerine düşman oldular.

Arılar peşlerine düştü, ayılar ormanı bırakıp kaçtı. Birbirlerini bir daha hiç görmediler. Bir daha bu ormana dönmediler...

Gerçekten dost olmayanlar böyle dövüşür, gerçek dostlar bir parmak balı bile bölüşür.

Tilkinin Kuyruğu

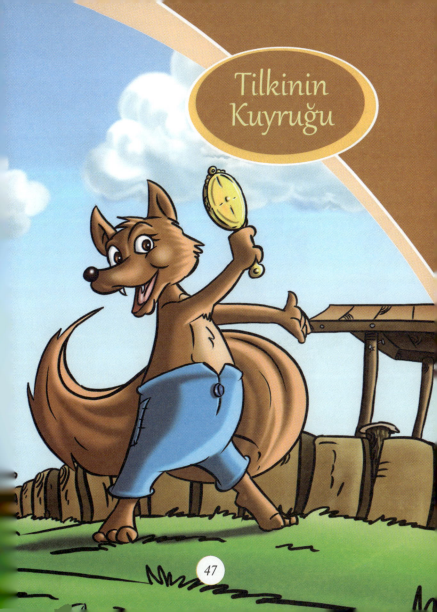

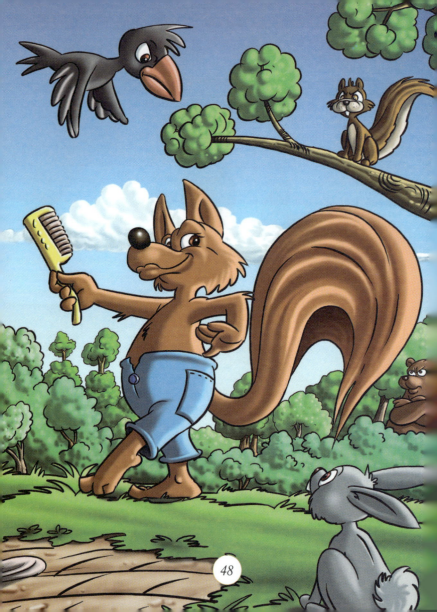

Bir tilki dağdan dağa geziyormuş, kendini Kaf dağında zannediyormuş. Burnu büyük, kendisi havalı, hiç kimse böyle bir tilki görmedi dünya kurulalı...

Yüksek yerlere çıkıyormuş, kuyruğunu herkese gösteriyormuş:

— Benim kuyruğum gibi güzel bir kuyruk yok, diyormuş.

Tilkiyi duyanlar onun bu haline şaşıyormuş, herkes kendi kuyruğuyla mutlu mutlu yaşıyormuş... Herkesin kuyruğu kendine göredir, tilkideki bu böbürlenme de nedir?

Hiçbir hayvanın kuyruğu diğerine benzemez, herkes kuyruğundan memnundur, başkasına özenmez... Ama tilki öyle mi ya, burnu havada geziyordu, ormandaki hayvanlar tilkiye çok kızıyordu. Öyle bir zaman geldi ki tilki çekilmez oldu. Ormandaki hayvanlar birbirlerine sordu:

– Ne edelim, ne yapalım, tilkiyi ormandan nasıl atalım?

– Kıllarını koparalım, kuyruğunu yolalım!

– Tilki buradan gitsin de biz de rahat olalım...

Bu sözlerin hiç birine tilki aldırış etmemiş.

– Herkes benim kuyruğumu kıskanıyor, demiş.

Kuyruk değil mi bu? Az çok her hayvanda var. Herkesin kendi kuyruğu ancak kendine yarar. Sonradan düşünüp taşınmışlar, buna karga çare bulur, diye kargaya sormuşlar.

Karga onlara cevap vermiş:

– Siz işi bana bırakın, demiş.

Ertesi sabah karga erkenden kalkmış, tilkinin yuvasına doğru uçmuş. Bir dala konup yaprakların arasına saklanmış, gizlice tilkiye bakmış.

Tilki, tüylerini yalıyordu, kuyruğunu tarıyordu. Ara sıra etrafa bakınıp, kuyruğunu gösterecek birini arıyordu. Karga uçtu, tilkinin yanına geldi:

– Günaydın tilki kardeş! dedi.

Tilki kargayı görür görmez kuyruğunu gösterdi:

– Kuyruğum nasıl? dedi.

– Ben de bunun için yanına geldim, kuyruğunun parıltısını ta uzaklardan gördüm. Bu senin kuyruğun bir hazine, kıymetini bilen birinin yanına gitsene!

– Var mı senin bildiğin böyle bir yer, bana hemen adresini ver!

– Benim bildiğim bir çiftlik var, oranın sahibi seni sorar. Eğer gidersen seni kuş sütüyle besler, bu güzel kuyruğun çiftliğini süsler. Gel ben seni götüreyim, sana iyilik olsun, senin bu güzel kuyruğun değerini bulsun.

Tilki sevinmiş:

– Hemen gidelim, demiş.

Karga uçarak, tilki koşarak o çiftliğe varmışlar, bahçenin açık kapısından

içeriye dalmışlar. Tilki çiftliği çok beğenmiş:

– Ben buraya yerleşeyim, demiş.

Çiftliğin çoban köpeği, tilkinin kokusunu almış. Hemen koşup tilkiye var gücüyle havlamış. Tilki köpeğin havlamasını "hoş geldin" diyor sanmış...

Çiftlik sahibi hemen tüfeği eline almış, tilkiye nişan alıp silahını patlatmış. Köpek hemen atılıp tilkinin kuyruğunu kapmış, tilki ormana kaçmış, kuyruğu köpekte kalmış.

Tilki bir yandan kaçıyor, kuyruğun yeri de acıyor. Tilki, sonunda kaça kaça, yaslanmış bir

ağaca, dönüp kuyruğuna bakmış, kuyruk yerinde yokmuş. Tilki fazla önemsememiş:

– Kökü nasılsa bende, yeniden çıkar, demiş.

Tilki, haftalarca bir yere gizlenmiş, kuyruğunun çıkmasını beklemiş. Kuyruğu çıkmayınca:

– Zaten fazlaydı, demiş.

Başını öne eğmiş, yuvasına gitmiş.

Bütün hayvanlar merakla tilkiye bakmış, tilkinin övündüğü kuyruk artık yerinde yokmuş. Tilki, eskiden olduğu gibi yüksek bir yere çıkmış, merakla bakanlara kuyruğun yerini göstermiş:

– Çok mutluyum arkadaşlar, şimdi eşitiz, demiş.

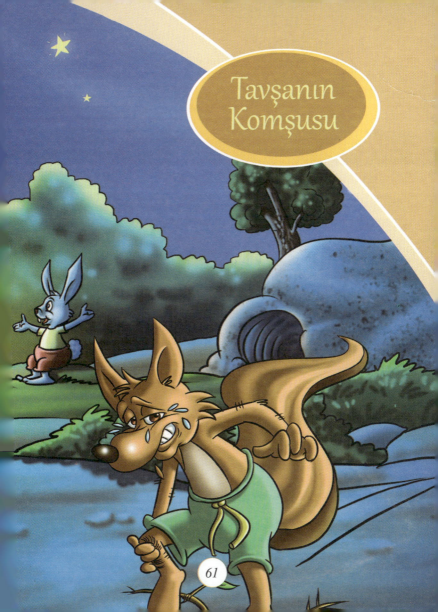

Tavşanın
Komşusu

Ormanın her köşesi hayvanlarla doluydu, en küçükten en büyüğe hepsi mutluydu... Kuş cıvıltıları, böcek vızıltıları, aslan mırıltıları, ayı hırıltıları...

Ne varsa bu dünyada, bu ormanda o vardı, hepsi kendi yuvasında korkusuzca yaşardı. Ama elbette bulunur her güzelde bir kusur, her yerde bu güzelliği bozan biri bulunur.

Bir tilki çıkıp geldi ormanın bir köşesinden, tavşanda eser kalmadı eski neşesinden... Tilki bu tavşanı gözüne kestirdi:

— Bu tombul tavşandan iyi bir av olur, dedi.

Tilkinin iki tane yavrusu vardı, bu tavşanın eti yavrulara da yarardı. Şimdi geriye

kaldı bu tavşanı avlamak, çok da kolay değildi tavşanı yakalamak.

Tilki önce tavşanın yakınında toprağı eşti. Oraya yuva yapıp yavrularıyla yerleşti. Tavşan baştan sona bu tilkiyi izledi. Tilkiden çok korkardı ama korktuğunu gizledi.

"Bunda da vardır bir hayır" diyerek, uzaktan tilkiye seslendi:

– Yuvan hayırlı olsun, hoş geldin tilki! dedi.

– Hoş bulduk tavşan kardeş, umarım dostça yaşarız; bir derdimiz olursa hemen yardıma koşarız!

Tavşanın tek derdi tilkinin gelmesiydi, ondan daha kötüsü, tavşanı yemesiydi... Tavşan düşündü kendi kendine:

– Acaba bu tilkinin dedi ne?

Tilkinin derdini herkes bilir. Tavşan bilse ne yapabilir?

Epeyi bir zaman uzaktan komşuluk sürdü, tilkinin yavruları da biraz büyüdü. Tombul tavşan dikkatliydi, tilkiye pek yanaşmadı, kendince bir sınır koydu, bu sınırı aşmadı.

Ama bu tilki değil mi, kurnaz mı kurnaz; onun tatlı diline hiç kimse dayanamaz... Gel zaman-git zaman komşuluk iyice ilerledi. Bizim tombul tavşan, tilkiye çok güvendi:

— Her halde komşusuna kötülük yapmaz, dedi.

Tilki, tavşanı el üstünde tuttu; tavşan, tilkinin düşman olduğunu unuttu. Tilkiye olan ilgisi fazlalaştı, kendince koyduğu sınırı çok aştı. Bir sabah tilki tavşanı yuvasına davet etti:

— Akşam bize gel de biraz eğlenelim, dedi.

Tavşan:

— Olur, dedi. Akşama gelirim; ama hazırlık yapma, ne bulursam yerim!

Tilkinin keyfi yerine geldi "Akşa-
ma nasılsa yiyeceğim hazır" dedi. O
gün avlanmayı düşünmedi, dolaştı
durdu; ama kader bu ya, bir avcı
tilkiyi ayağından vurdu... Tilkinin
bütün neşesi kaçtı, gözlerinden kanlı
yaşlar saçtı. Seke seke koştu, çalıla-
rın arasına dalarak avcıdan kurtul-
du.

Akşam oluncaya kadar yavruları
bekledi. Tavşan, misafirliğe geldi
ama tilki gelmedi.
Beklemekten yo-
ruldular, birbir-
lerine yaslanıp
uyudular.

Tilki ertesi
sabah, to-
pallayarak
yuvasına

vardı. Onun halini gören tavşan, koşup yarasını sardı... Hem tilki, hem yavrular son derece açtı, hepsi tavşanın yardımına muhtaçtı.

Tavşan ne bulduysa yiyecek, tilkilere taşıdı; tilkiyle yavruları bu sayede yaşadı... Günler geçti, aylar geçti, tilkinin yarası iyileşti. Yavrular büyüdü, her biri kocaman oldu.

Bir sabah erkenden tilki kalktı, yiyecek bulacaktı... Yavrularına tembih etti:

– Öğlene dönerim, dedi.

Yavrular bekledi, tilki gecikti. Yavruların karnı iyice acıktı. Tavşan onları gördü, yaklaşıp selam verdi:

– Karnınız mı acıktı? derdi.

Yavrulardan biri tavşana baktı, beyninde bir şimşek çaktı. Kardeşinin kulağına eğildi:

"Neden bu tavşanı yemiyoruz?" dedi. Bu fikir onun da aklına yattı, ikisi birden tavşanın üzerine atıldı. Tavşan sırt üstü düştü, yavrular başına üşüştü. Başladılar tavşanı yalamaya, orasını burasını ısırmaya... Tavşan bunu oyun sandı, sonra yavruların niyetini anladı. Artık yapacak

74

bir şey yoktu, bu da hayatın sonuydu. Her ne kadar direndiyse de beceremedi. Yavruların gücüne direnemedi. Tavşan tam "öldüm" derken bir ses duydu. Dönüp baktılar, arkalarında tilki duruyordu. Hemen koştu, tavşandan "özür" diledi. Tavşan:

— Önemi yok, oynuyorduk, dedi.

Tilki biliyordu bu oyunu, acı biterdi sonu. Oyun böyle sürerdi, sonunda oyuncu, oyuncağını yerdi.

Tilki, yavrularının kulağından tuttu, onlara nasihat verdi:

— Biz şimdi bu tavşanın sayesinde yaşıyoruz, dedi. En zor zamanımızda bize baktı, komşuluk görevini yaptı. Siz şimdi iyiliğe karşı kötülük yapıyorsunuz, hadi öpün elini, ne duruyorsunuz!..

Tilki, tavşanın sırtını sıvazladı, başını okşadı. İki komşu bundan sonra birlikte mutlu yaşadı.

Davul Çalan Ayı

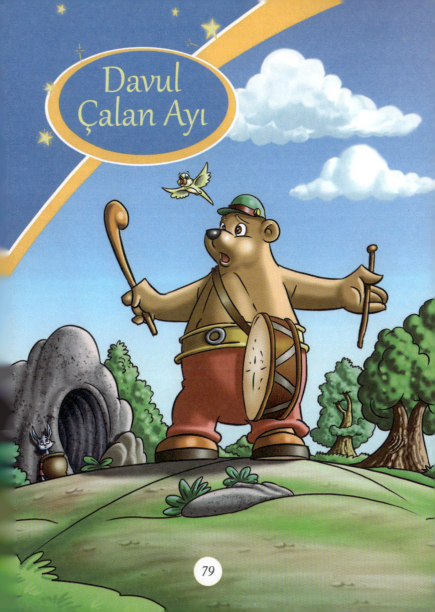

O sabah ormanda tatlı, ılık bir rüzgâr esiyordu. Uzaktan ve yakından, ötüşen kuşların sesi duyuluyordu. Bütün hayvanlar gecenin karanlığından sıyrılmış, yeni bir günün hazırlığını yapıyordu. Her şey her günkü gibi sürüp gidiyordu.

Güneş yükseldi. Ağaçların arasından süzülen ışınlar ormanı aydınlattı. Tam bu sırada bir davul sesi bütün hayvanları yerinden hoplattı:

"Dum! dum! da! dum! dum!"

Koskoca bir ayı, sırtında bavulu, omuzunda davulu ile yavaş yavaş yürüyordu. Arada sırada durarak davuluna vuruyordu.

Bütün hayvanlar merakla başını yuvasından çıkardı. Meydanın

ortasında hiç tanıma-
dıkları bir ayı vardı. Herkes
birbirine sordu:

– Ne var?

– Ne oldu?

Elbette ki kimse cevap veremedi.
Herkesin merakını yine ayı giderdi:

– Arkadaşlar, ben bir ayıyım!
dedi.

– Estağfurullah! Ne demek?

– Evet evet! Ayıyım!

Gülüştüler:

– Hiç de belli olmuyor, dediler.

– Ayıyım ama, ben bir sirk ayısı-
yım!

"Sirk" sözünü hiç birisi anlamadı,

hepsi birbirine sordu; hiç birisi bil-
miyordu. Ayı sözüne devam etti:

— Sirk ayısıyım ama emekliyim,
dedi.

Herkes birbirine sordu: "Emekli,
nasıl bir şey oluyordu?" Hiç kimse
bilemedi, ayı konuşmaya devam
etti:

— Ben artık bu ormanda yaşaya-
cağım, dedi.

Hiç kimse aldırış etmedi:

— Yaşasın, bize ne? Kapımız
açık gelene gidene!..

Ayının sözü bitmemişti:

— Hayatımı kazanmak için
size davul çalacağım, dedi.

— Çalsın! Bize ne! Biz
bakarız kendi işimize.

Ayı, davulunu boynu-
na asmış, günlerce

davul çalmış:

"Dum! dum! da! dum! dum!

Bir gün karnı acıkmış, eline bir çuval almış, aslanın kapısına varmış:

— Hadi bakalım bahşiş! demiş.

— Bahşiş mi? Bahşiş de ne?

— Hadi versene!

— Ne olduğunu bilsem vereyim... Bahşişin ne olduğunu nerden bileyim.

— Sirkte davul çalana para verilir, buna bahşiş denir.

— Sen de ne çok bilmediğim şey söylüyorsun. Sen para diye neye diyorsun?

— Para istemem zaten bende para çok, ama burda bakkal, manav

yok! Yani senin anlayacağın burda para geçmiyor. Cebimdeki para, para etmiyor...

Zavallı aslan şaşırdı kaldı. Ne çok bilmediği kelime vardı. Aslan ayıyı aldı, çakala gitti, çakal daha çok gezdiği için belki bilirdi... Ne çakal bildi, ne bir başkası, bu işin artık yoktu şakası...

En son leylek tepeden seslendi:

— Burada öyle bir kural yok, dedi. Eğer karnın açsa dolaşacaksın, kendi yiyeceğini kendin bulacaksın.

Ayı bakmış ki böyle olmuyor, davul çalmakla karın doymuyor... Sırtına almış bavulunu, omuzuna takmış davulunu. Düşmüş geldiği şehrin yoluna, vurmuş tokmağı davuluna:

"Dum! dum! da! dum! dum!"

Aferin
Eşeğe

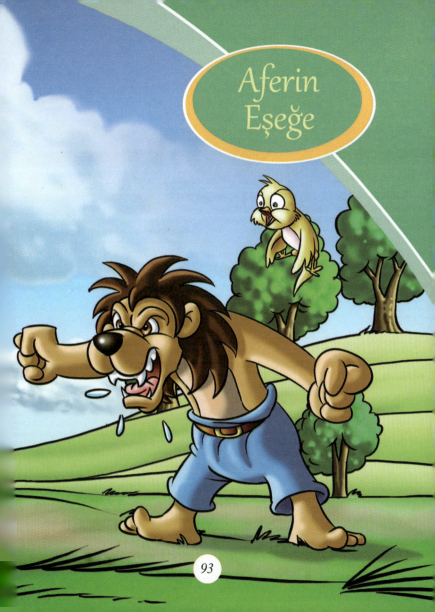

Bir eşek, uzun müddet bir çiftlikte hizmet etti. Yıllarca çalışıp, ağır yükler çekti. Çok tecrübeler edindi, ama sonunda bıktı:

— Artık bana bu çiftlikte yapacak iş yok, dedi ve arkasına bakmadan çıkıp gitti.

Bunca yıl çalıştığı bu çiftlikte çok maceralar yaşadı, ama şimdi önünde yeni maceralar vardı... O maceralara doğru yürüdü, yürüdükçe değişik dünyalar gördü. Nallarının sesi dağı-taşı inletti:

-İyi ki çiftlikten ayrıldım, dedi.

İlk günler çok zevkli geçti, ovalardan ot yedi, derelerden su içti. Keyfine diyecek yok, kafası rahat, karnı tok... Ne arayan var ne soran, ne "deh" diyen, ne vuran... Gece

oldu, gündüz oldu, anırdı durdu...

Ama bu anırmak onu ele verdi, yanına iki dost geldi, eşeğe selam verdi. İkisi de:

– Ne güzel sesin var, dedi.

Eşek çok sevindi, ilk defa bu iki dost eşeğin sesini beğendi. Eşek, isimlerini sordu, biri:

– Kurt! Diğeri:

– Tilki! dedi.

– Ne güzel isminiz var, diliniz de tatlı isminizde kadar. Bana "eşek" ismini vermişler, doğrusunu isterseniz haksızlık etmişler.

Böylece kurtla tilki eşeğe yakınlık gösterdi. Her ikisi de eşeği yemek istedi. Onu yemek için fırsat kolladılar, arada sırada tadına bakmak için yaladılar. Hatta ufak tefek ısırık bile attılar. Eşek, bunları oyun sandı,

kurtla tilkiye inandı.

Kurtla tilki eşekle beraber gezdiler, karınları acıktı ama çok sabır gösterdiler. Eşeğin canı her an tehlikedeydi, o ise işin eğlencesindeydi. İyice tenha bir yere geldiler, kurtla tilki niyetlerini belli ettiler:

– Bize zorluk çıkarma da seni yiyelim, dediler.

Eşek önce anlamadı, bunu da şaka sandı. Kurt, boğazını sıktı, tilki kuyruğunu çekti, eşek çifte atıp tepti:

– Böyle de şaka olmaz ki, dedi.

Kurtla tilki yeniden saldırdı, ikisi birden eşeği sırt üstü yatırdı. Az daha eşek nalları dikecekti, aklı başından gidecekti. Başladı hırlamaya, hırlayıp anırmaya...

Eşeğin sesi, aslanın kulağına geldi. Aslan o tarafa doğru kükredi.

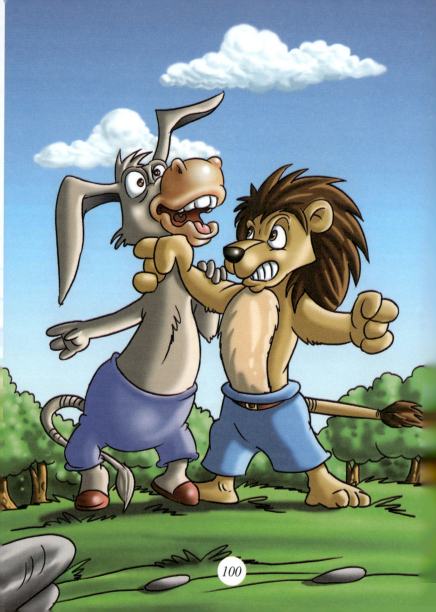

Kurtla tilki aslana doğru baktı;
ikisi de korkudan eşeği bıraktı. Eşek,
can derdinden hemen ayağa kalktı.
Aslanın yanına gitti, onları şikâyet
etti:

— Galiba ben dostu mu iyi seçe-
medim, dedi.

Bu arada kurtla tilki tabanları
yağladılar, eşeği ellerinden kaçırdık-
larını anladılar.

Eşek, kurtulduğuna çok sevindi,
aslana:

— Teşekkür ederim, dedi.

— Teşekkürünü bir şartla kabul
ederim, onların yerine seni ben ye-
rim.

– Bunda benim kârım nedir ki? Ha sen yemişsin ha tilki!

– Benimle onlar arasında bir fark göremiyorsan gerçekten bir eşeksin! Eğer soran olursa "beni aslan yedi" diyeceksin. Sence böyle bir övünç buna değmez mi? "Beni aslan yedi" demek az şey mi?

Eşek, durdu düşündü, sonra boynunu eğdi:

– Galiba sen haklısın, gel de beni ye, dedi.

Aslan geldi, eşeği afiyetle yedi. Bunu duyan hiç kimse "aferin eşeğe" demedi.

Uçan Tilki

Havanın güzel olduğu bir günde ormandaki bütün hayvanlar neşe içindeydi. Tavşanlar zıplıyor, ceylanlar hopluyor, tilkiler ip atlıyordu. İp atlarken yananlar, ayağı ipe takılanlar, diğeriyle yer değiştiriyordu; oyun böylece sürüp gidiyordu.

Tilkilerin neşeyle ip atladığını görenler, oyuna katılıyordu, en şişman hayvan bile birkaç kere atlıyordu. Bazen tilkiler hile yapıyordu, ipi birden bire çekip atlayanı düşürüyordu, hepsi kahkahayla gülüyordu.

Düşse de hoştu, atlasa da hoştu, bu sırada Karanfil, tilkilerin yanına koştu... Karanfil, ormandaki en güçlü fildi, onun güçlü olduğunu herkes bilirdi... Geldi:

– Ben de atlayacağım, dedi.

İki tilki, iki ucundan ipi çevirdi. Kötü kalpli tilki:

— Hadi atla bakalım, dedi.

Kötü kalpli tilkinin niyeti ipi çekmekti, koskoca fili yere düşürmekti... Kimbilir filin düşmesi ne komik olacaktı, fil düşünce tilkiler kahkaha atacaktı.

İpi çevirdiler, Karanfil atlayamadı. Bir daha çevirdiler, zıplayamadı. Bir daha çevirdiler, yine olmadı. Kötü kalpli tilki seslendi:

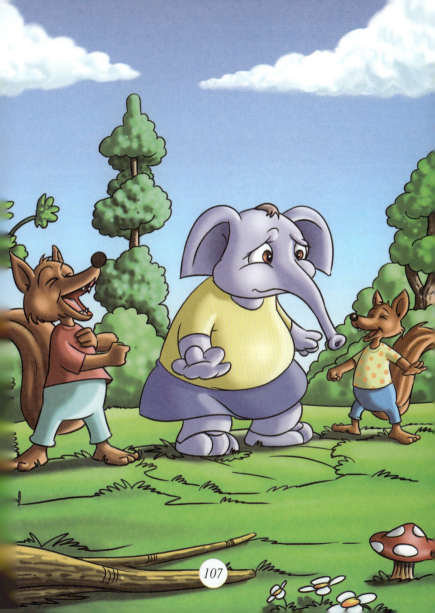

– Hadi atlasana! dedi.

Karanfil çok utandı, atlayamadı diye, tilkiler alay etti:

– Zıplayamadı, diye Karanfil çok hüzünlendi, kederlendi:

– Tilkilere rezil oldum, dedi.

Bir ağacın arkasına geçip hüngür hüngür ağladı. Gözyaşları dere olup aktı... Bu sırada bir tavşan, Karanfil'i gördü:

– Niye ağlıyorsun? diye sordu.

– Söyleyemem tavşan kardeş, söylemem doğru olmaz!

– Ama derdini söylemeyen derman bulamaz.

– Ben zıplamayı beceremedim, hiç bir şey bana derman olamaz.

– Bu da dert mi sayılır Karanfil; hiç bir fil zıplayamaz, bunu bil.

– Sahi mi?

– Sahi tabii...

– İyi ama neden?

– Görmüyor musun, koskoca gövden... Keşke ben de senin gibi güçlü olsaydım da zıplayamasaydım. O zaman hiç kimseden kaçmama gerek kalmazdı, hiç kimse bana yan bakamazdı.

Bu sözleri duyunca filin üzüntüsü gitti, zıplamayı dert etmedi, rahat etti. Ama tilkinin kötülüğü bitmedi. Fille alay etmeye devam etti.

Tilki dağ-bayır geziyordu, kimi görse dedikodu ediyordu:

– Karanfil, zıplamayı bilmiyor, diyordu.

O kadar çok söyledi ki dünyada duymayan kalmadı.

Herkes tilkiyi ayıpladı ama yine de uslanmadı. Tilkinin söylediklerini bir gün filin kulağına gitti:

– Şu tilkiye iyi bir ders vereyim dedi.

Karanfil, geze geze tilkinin evine gitti:

Tilki "yine bir eğlence çıktı" diye sevindi, eve gidip ipi getirdi. Karanfil, ipin ucunu bir ayağına bağladı, diğer ucunu eline aldı. Sallayıp çevirdi, tilkiye:

– Önce sen atla, dedi.

Tilki keyifle atladı, atlarken gösterişler yaptı. Sıra Karanfil'e geldi. Tilki:

– Hadi şimdi sen atla, dedi.

Karanfil tilkinin kulağına eğildi:

– Ne güzel zıplıyorsun, eminim uçarsın da... dedi.

Tilki bu söz karşısında şaşırdı, alçak gönüllülük gösterdi:

– Uçarım ama elbette kuşlar gibi olamaz, dedi.

Karanfil rica etti:

– Kuşlardan iyi uçarsın, uç da göreyim, dedi.

Tilki korkmaya başladı, eli ayağı titredi.

– Vallahi uçamam, dedi.

Karanfil, hortumunu tilkinin beline doladı, bir kaç kere havada salladı, fırlattı attı... Tilki uçtu, bir dala

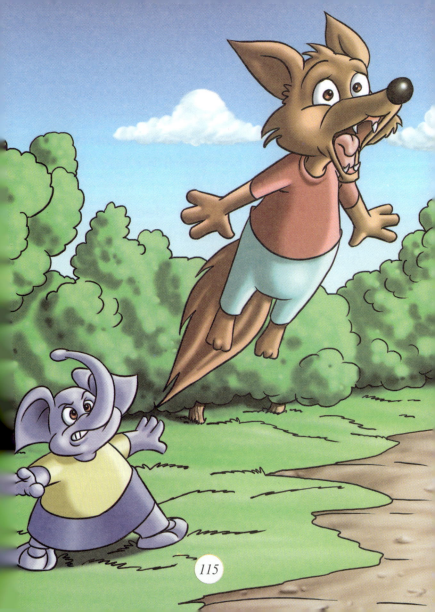

takılıp kaldı, Karanfil onu alaya
aldı:

– Bak gördün mü, kanatlarını aç-
tın, "hop" diyerek uçtun. Yüksek bir
dala kondun, sen şimdi bir kuş ol-
dun... Bir gün sen de beni tutarsın,
havaya atıp zıplatırsın, dedi.

Tilki, filin gücünü anladı, dersini
aldı, bir daha "zıplamak" sözünü
ağzına almadı.

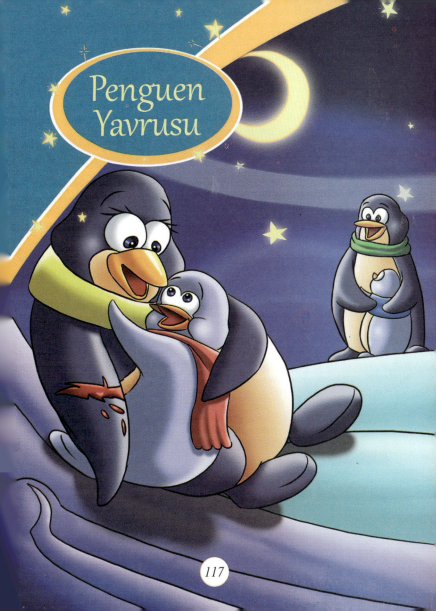

Penguen Yavrusu

Dünyanın bir kutbunda, buzlarla kaplı bir ucunda, bir penguen sürüsü yaşıyordu, hepsi göğsünü gererek dolaşıyordu.

Penguenler çok yaramazdı, bütün bu yaramazlıklara karşı hiç biri uçamazdı. Koşarlardı, oynarlardı, kızak gibi kayarlardı. Karınları acıkınca buz gibi denize dalarlardı, denizin diplerinde yiyecek ararlardı.

Penguenlerin çok az güneşli günleri vardı. Bu güneşli zamanların bazısı yumurtlardı. Yumurtlayan penguen hemen üstüne yatardı, yavrusu çıksın diye yumurtayı sıcak tutardı.

Yine o mevsim geldi, penguenler yumurtladı. Sımsıcak tüyleriyle yumurtanın üstüne yattı. Bazen kar yağıyordu, bazen güneş çıkıyordu ama etraftaki buzlar hiç erimiyordu.

Sabırla geçen günler sonunda yumurtalar çatladı. Her birinden tüylü yavrular çıktı. Hepsi annesinin sıcak göğsünde yatıyordu, kimisi başını çıkarıp sağa-sola bakıyordu.

İyi ki hepsinin birer annesi vardı, anneleri olmasa hepsi donardı. Zaman geçti, yavrular biraz daha büyüdü, buzların üstüne basıp anneleriyle yürüdü.

Yavrular acıkınca, anneleri koştular, buz gibi soğuk denizde yiyecek aradılar. Yavrular kıyılarda annesini bekledi, annesi ne getirirse yavrusu onu yedi.

Bir taraftan yavrular büyüyordu, bir taraftan havalar soğuyordu, bir taraftan çokça kar yağıyordu, bir taraftan denizler donuyordu.

Çoğu zaman penguenler hep beraber dalardı, denizin derinliklerinde yiyecekler arardı. Her penguen, yiyecek bir şeyler bulurdu, eğer bir şey bulamazsa yavrusu aç kalırdı.

Yine bir gün penguenler hep beraber denize daldı, her çıkanın kursağında yiyecek bir şeyler vardı... Her yavru denize bakıp annesini bekliyordu, her gelen anne yavrusunu doyurdu.

Sarı gagalı bir yavru kıyıda dolaşıyordu, annesini bekliyordu ama annesi gelmiyordu. Çok bekledi, annesi gecikti, ondan başka hepsi

karaya çıktı. Küçük yavru hüzün-
lendi "anne neredesin" dedi. Diğer
penguenleri dolaşıp birer birer sor-
du. Kime sorduysa hiç biri cevap
vermiyordu.

Vakit ilerledi, yavru bekledi...
Gözü yaşardı. Hava karardı. Ka-
raran denize defalarca baktı. Bir
ümitle iyice kıyıya gitti. İçi sızlayarak
"anne" dedi. Kar yağmaya başladı,
soğuktan titredi. Biraz daha bekledi,
annesi gelmedi. Ümidini kesmek
istemiyordu. Denize sordu:

– Annem nerede? dedi.
Deniz cevap vermedi...
Karlar üzerini örtü-
yordu, gittikçe daha
çok üşüyordu. Diğer
yavrulara baktı,
onlar annelerinin

koynunda sımsıcaktı. Tekrar tekrar denize gitti, derinliklere baktı. Artık kuvveti kalmadı. Kendini karların üzerine bıraktı. Gökyüzüne baktı, gözlerinden yaşlar aktı. Tam da donmak üzereydi, denizden bir inilti geldi. Dinledi. Bu inilti annesinin sesiydi.

Sevinçle haykırdı, donan buzları kırdı. Annesi denizden geliyordu, kanadı kanıyordu. Bir balık saldırmıştı, kanadını kırmıştı... Acısına aldırmadı, yavrusuna sarıldı. Dünyalar onların olmuştu, ikisi birbirine kavuşmuştu.

Annesi yorgundu ama mutlu idi.

— Yavrum, sana yiyecek bir şey getiremedim, dedi.

Yiyecek yavrunun

umurunda mıydı? İşte annesinin koynundaydı. Başını dışarı çıkardı, annesinin tatlı yüzüne baktı:

— Üzülme anne! dedi. Zararı yok, günlerce aç kalayım, yeter ki annesiz kalmayayım!

Sincap İle Karga

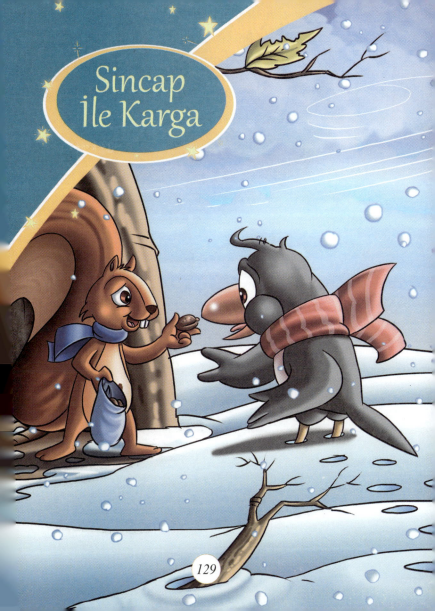

İlkbaharda ağaçlar yeşil yaprak açtı, kelebekler kuşlar daldan dala uçtu. Ormandaki bütün hayvanlar yaza "merhaba" dedi. Kimi yaprak, kimi ot, kimisi meyve yedi.

Bazen koşup oynadılar, bazen yatıp uyudular, kışı da düşünmek lazım, yiyecekler topladılar.

Sonbahar geldi, her yer sarardı. Gökyüzü karardı, yağmurlar yağdı. Ormandaki bütün hayvanlar kışa hazır olmalı, yiyecekler biriktirip karnını doyurmalı.

Sincap da bunlardan biriydi. Hem de çok tedbirliydi. Sağlam cevizleri topladı, çürükleri yokladı, yuvasına taşıdı, sonunda rahatladı.

Kış geldi. Rüzgârlar çok sert esti, yağan kar yolları kesti. Hayvanların hepsi yuvasına çekildi, toplanan

yiyecekler birer birer yendi. Kış uzun geçerse yiyecekler biter, bazen komşu, komşuya gider, yiyecek ister.

Yine böyle uzun bir kıştı, herkes üşümüştü. Yiyecekler azalmıştı, neredeyse bitmişti. Böyle karlı bir günde karga ormana geldi, önce tilkinin kapısını çaldı:

– İyi sabahlar tilki kardeş, niye geldim biliyor musun?

– Bilmez olur muyum, mutlaka yiyecek istiyorsun.

– Nasıl da bildin… "Tilki akıllıdır" demişlerdi de inanmamıştım, demek ki yanılmışım… Biraz yiyecek ver de yiyeyim, sana dua edeyim!

- Sana akıllı olduğumu diyen, başka bir şey demedi mi? Benim savurgan olmadığımı söylemedi mi? İdareli yeseydin yiyeceğini tüketmezdin. Benim huyumu bilseydin kapıma gelmezdin... Hadi şimdi git, kapımdan defol! Seneye sağ çıkarsan daha dikkatli ol!..

Karga, tilkiden nasihat aldı; sonra kirpinin kapısına vardı, kapıyı çaldı: Tak! Tak! Tak!

— Kirpi kardeş biraz bak!

— Bakamam! Yatağımdan kalkamam. Şu anda keyfim yerinde, ne diyeceksen oradan de.

— Kış uzun sürdü, hem soğuk geçti, bahar gelmeden herşeyim bitti. Yardım edersen yaza çıkarım, her ne verirsen bir gün öderim.

— Sana tavsiyem, hiç borca girme,

nasılsa ölmezsin, birkaç gün yeme. Yorganın altına gir, yatağına yat; ayağını yorganına göre uzat!

Karga, kirpiden de nasihat aldı; daha sonra tavşanın kapısına geldi:

– Tavşan kardeş! Evde misin! Dedi.

Tavşan kapıya geldi:

– Ne var? Dedi.

– Ne olsun ki!.. Her şeyim tükendi, bu kış bana çok uzun geldi…

– Bunu daha önceden düşünseydin, dilenci gibi kapıma gel- mezdin. Eğer sana bir şey versem

alışırsın. Seni boş gönderirsem se-
neye iyi çalışırsın!.. Şimdi sana bir
iyilik edeyim, seni boş göndereyim.

Karga sesini çıkaramadı, tavşan-
dan da nasihatini aldı. Bir kaç kapı
daha gezdi; sonunda sincabın kapı-
sına geldi. Selam verdi:

– Karnım çok aç kardeşim, her
şeyim bitti. Dedi.

Sincap önce düşündü,
Kış, daha çok uzundu.
Karganın bu durumu
Sincaba çok dokundu.

Ona bir ceviz verdi,
Mutlu etti gönderdi.
Bir cevizden ne çıkar,
Yüzlerce cevizi var.

Aradan iki gün geçti; karga, cevizi

yarım yarım yedi. Nasılsa alıştı bir
kere, yine gitti aynı yere... Sincap
"hayır" diyemedi, ceviz vere vere
bitti.

Ceviz bitti ama kış bitmedi. İşler
yolunda gitmedi. Sincap zor duru-
ma düştü, yine de şikâyet etmedi.

Kış, uzadıkça uzadı ormandakiler
darda kaldı. Kimisi düştü bayıldı,
kimisi zor ayıldı.

Sincap da ölecekti artık... Bir ses
duydu:

"Tık! Tık! Tık! Tık!.."

Gözünü açtı baktı,
yerde gördü üç-dört
fındık... Gözlerine
inanamadı, "hayal
görüyorum" sandı.
Ama gördükleri ger-
çekti, hepsi gerçek

birer fındıktı...

Arkasından karga geldi:

– Günaydın sincap kardeş, dedi.

Fındığın birini kırarak sincabın eline verdi:

– Buyur ye! Afiyet olsun! dedi.

Meğer bizim karganın çok fındığı varmış, ormana gelip hayvanları denemiş. Hiç biri kargaya yiyecek vermemiş, bir tek sincap ceviz vermiş...

Karga bunu anladı. En cömerti sincaptı. Ama sincap, fındıkların hiç birini almadı:

– Benden daha aç olanlar var, onlara ver! Dedi.

Karga şaşırdı kaldı:

– Ama onlar "cimri" dedi.

Sincap buna da itiraz etti:

– Kötülüğe karşı

kötülük yapılmaz, dedi.

Karga bu sözü beğendi:

– Sen de haklısın, dedi.

Bütün fındıkları getirdi, aç olanlara verdi. Hepsi kargaya teşekkür etti, bir daha hiç biri cimrilik etmedi.

Oduncunun Eşeği

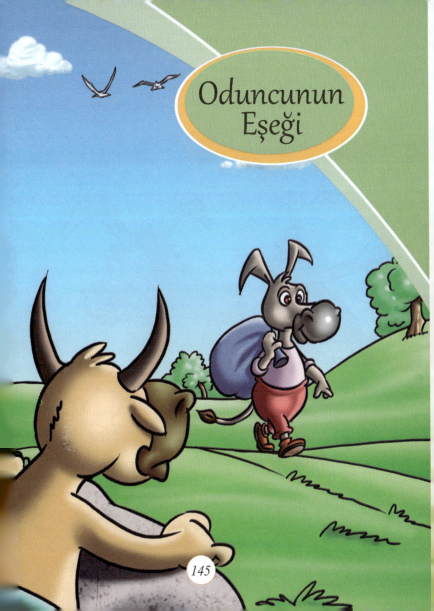

Dağ başında bir oduncu yaşardı. Dağdan odun keserdi, götürüp fırıncıya satardı. Fırıncıdan aldığı parayla bakkala uğradı. Her gelişinde aynı şeyleri yapardı.

Bu hep böyle devam etti. Eşek önde, gitti geldi. Eşeğin de bir aklı var, sonunda yolu öğrendi. Sahibi bakmış ki eşek önde, gidip geliyor, nereye gideceğini biliyor, kendi şaşırsa bile eşek şaşırmıyor.

Sonunda oduncu rahat etti. Eşek bütün işi yüklendi. Aylarca tek başına kasabaya gidip geldi... Oduncu kalemi eline alıyordu, ne lazımsa yazıyordu, eşek bakkala uğrayınca, bakkal, yazılanları veriyordu.

Oduncu bir "oh!" çekti:

– Artık rahatım dedi.

Oduncunun ihtiyarlığında, bu eşek ilaç gibi geldi. Her şeyin bir güzelliği var, gün gelir aksi bir şey bu güzelliği bozar...

Bu da öyle oldu, eşeğin ayarı bozuldu... Bir gün koskoca ayı, zehir etti bizim eşeğe dünyayı... Yolda durdurdu eşeği, eşeğin üstünden aldı, işe yarar her şeyi...

Eşek geriye boş döndü, oduncu bu hali gördü:

– Muhakkak yükü düşürdü, dedi, ilk olduğu için önemsemedi...

Sonra başka bir gün oldu, eşek yola koyuldu. Dönüşte aynı ayı...

Eşek yine soyuldu.

Oduncu kızdı eşeğe,
Başladı eşeği dövmeye...
Eşek anlatmak istedi,
Demeye dili yetmedi.

Oduncu eşeğin dilinden anlamadı ama diğer hayvanlar eşeğin dilinden anladı. Bunda bir tuhaflık vardı. Hayvanların hepsi bir araya toplandı; eşek, dili döndüğü kadar anlattı... Eşeğe yardım etmeye karar verdiler, bir dahaki seferi beklediler.

Zaman geldi, oduncu odunları kesti, eşeğe güzelce yükledi. Bir de listeyi ekledi:

— Bu sefer de boş dönersen halin kötüdür, dedi.

Eşek "tıkır tıkır" kendi yoluna gitti. İnek, köpekle at'a:

– Haydi hazırlanın, dedi.

Üçü birden eşeğin yolundan gitti-
ler; eşeği dönüş yolunda beklediler.
Ayı aynı yere gelip durdu. İnek onu
gözlüyordu. Eşeğin nal sesleri uzak-
tan duyuluyordu.

Eşek geldi, ayı karşısına dikildi:

-Hadi bakalım eşek kardeş, yü-
künü indir, dedi.

Eşek yalvardı

— Bırak da geçeyim, bu sefer olsun dayak yemeyeyim.

— Hiç önemi yok, sen eşeksin, nasıl olsa dayak yersin. Yükünü devir yere, bir dayak da benden yeme...

Eşek karar veremedi, ne yapacağını bilemedi.

Tam bu sırada inek, çıkıp geldi:
— Eşeğe su verdin mi? dedi.
Ayı şaşırdı. Böyle bir soru bekle-
miyordu:
İnek böyle der demez,
Ayı, boynuzu yer yemez,
Aklı başından gitti:
— Eşeğe su verdim, dedi.
— Soğuk mu verdin sıcak mı?
— Soğuk verdim, ne olacak?
At, bir çifte attı ayıya:
— Soğuk verme donacak!
Ayı, yol bulsa kaçacak
Sonra bağırdı: -Sıcaak!
İnek yine boynuzladı:
— Sıcak verme yanacak!
Köpek geldi hesap yaptı,
Ayının kuyruğunu kaptı.
Ayı can derdine düştü;
Başka diyarlara kaçtı.

Böylece arkadaşları eşeğe yardım etti. Eşek eskisi gibi, kasabaya gitti geldi.

Korkuluk

Köyün birinde bir çiftçi tarlasına mısır ekmiş. Havalar uygun gitmiş, ekinler yeşermiş, mısırlar gelişmiş, tanelenmeye başlamış. Mısırlar tanelendikçe türlü türlü kuşlar gelip taneleri yemeye başlamış.

Çiftçi bir gün tarlasına gelince bakmış ki tarlasında bir kuş sürüsü, kimbilir kaç tane mısır yedi her birisi... Peşlerinden koşmaya başladı, her birini kışkışladı...

Kuşlar çiftçiyi görünce kaçıyordu, çiftçi tarladan ayrılınca hepsi geri geliyordu. Sonunda çiftçinin aklına bir fikir geldi, kendisine benzeyen bir korkuluk yapmaya karar verdi. Eski elbiselerini aldı, saman doldurdu. Başının yerine bir kabak koydu,

kabağa kaşla göz yaptı, başındaki şapkasını kabağa taktı.

Hava karardıktan sonra korkuluğu tarlaya getirdi, bütün kuşların görebileceği bir yere dikti, gönül rahatlığıyla evine gidip yattı...

Sabah olunca kuşlar birer birer tarlaya geldi, Korkuluğu görenin ödü koptu.

– Bu çiftçi çok erken tarlaya gelmiş!

– Galiba bizi rüyasında görmüş

– Nasılsa gider, bekleyelim.

– O gittikten sonra hepsini yiyelim!

Kuşlar, akşama kadar beklemiş, korkuluk hiç bir yere gitmemiş. Kuşlar sabretmiş, hepsi:

"Bugünün yarını da var" demiş.

Ertesi gün olmuş, erken kalkan tarlaya koşmuş, çiftçi sandıkları korkuluk yerinde duruyormuş:

"Yine erkenden geldi" demişler, tarlaya girmeye cesaret edememişler. Kursakları boş kalmış, kimisi açlıktan düşüp bayılmış.

Bir karga onları görmüş:

-Bu hal nedir? diye sormuş.

Kuşlar durumu anlatmış,

Karga onlara gülmüş.

-O gördüğünüz korkuluktur. Ondan korkmak ahmaklıktır. Gelin hep birlikte gidelim, o mısırları yiyelim, demiş.

Karga uçmuş, tarlaya gitmiş, kuşlar onu seyretmiş. Karga şarkı söyleyerek mısırları yemiş. Karganın keyfi bir iki gün devam etmiş, Çiftçi durumu anlamış, korkuluğu kaldırıp yerine kendi geçmiş.

Karga yine erkenden gelmiş, kuş-
lara hava atmış:

— Hadi bakalım korkak kuşlar,
buyurun yiyelim, demiş.

Karga uçup tarlaya gelmiş,
çiftçinin kafasına konmuş.
"Gak! Gak!" demiş alay etmiş,
Bir de dönüp pislemiş.
Çiftçi eğilip tüfeğini almış, karga
şaşırıp kalmış:

— Ne biçim korkuluk bu? demiş.
Çiftçi peşinden ateş etmiş.
Karga yağından vurulmuş.
Uçup bir dala konmuş. Kuşlar
onu görünce yanına gelip
sormuş:

— Ne oldu? Nedir bu hal?
— Ya bendendir, ya
korkuluktan, bunda bir

tuhaflık var... Korkuluk birden canlandı, peşimden tüfeğini patlattı.

Kuşlar karga ile alay etmişler:

– Git bir daha tekrar dene, demişler. Belki hayal gördün, belki düş gördün. Mısırları yersin gene, demişler. Karga ayağını açıp göstermiş:

– Gördüğüm hayalse, bu kan ne demiş, benim aklım başka bir şeye ermez, "Eşek, düştüğü çukura bir daha düşmez."

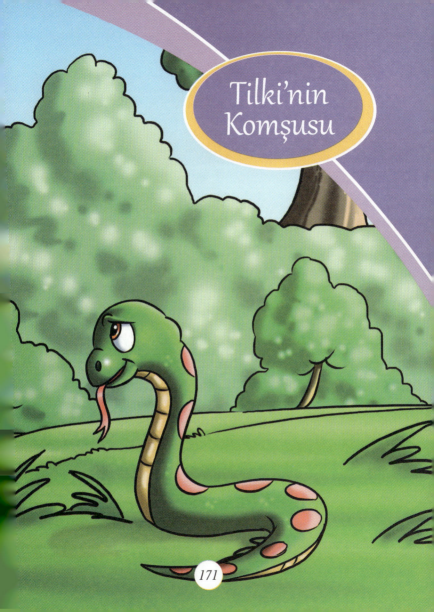

Tilki'nin Komşusu

Yemyeşil bir ormanda akıllı bir tilki varmış. Herkesle dost geçinir, kimseye zararı olmazmış. Ormanın içinde dolaşır, kendine yiyecek ararmış, bütün orman onun evi, nerede olsa yatarmış...

Bir gün bir ağacın gölgesine, tilki yatağını sermiş; yatak dediysem yanılmayın, ottan bir yatağı varmış. Her taraf ağaçlık, orman... Ormanda her türlü hayvan... Herkes kendi halinde, herkesin ne varsa elinde, yiyip içip yatarlarmış, sabah erken kalkarlarmış.

Bizim tilki iyi huylu, kuyruğu pamuk gibi tüylü. Başka tilkiye benzemez, kötü bir söz söylemez... Böyle tilki olur mu? Olur!.. Arayan elbet bulur. Bunca tilkinin içinde her türlüsü bulunur.

Tilki geze geze yorulmuş, sonunda bu ağacın altını bulmuş... Ağacın gölgesi tilkiye hoş gelmiş, gerisi boş gelmiş. Döne döne uyumuş, uykusunun arasında bir ses duymuş.

Uyku sersemi, başını kaldırmış, önce iki yana, sonra yukarı bakmış. Ağacın tepesinde bir karga varmış. Karga bir şeyler diyormuş, tilkiye sesleniyormuş:

-Gaak!.. Bana baak!.. Oradan kaalk!

Tilki pek aldırmamış, başkasına söylüyor sanmış. Tilki yerde, karga tepede, kime zararı varmış?

Tilki tekrar başını yere koymuş uyumuş, tam bu sırada başına bir dal parçası düşmüş. Tilki tekrar

uyanmış, yine yukarı bakmış:

Karga yuva yapıyormuş, işine yaramayanları aşağıya atıyormuş... Zararı yok, atsın; ama biraz etrafına baksın... Hiç etrafına bakınmıyordu, hiçbir şeyden sakınmıyordu...

Tilki kızmadı, sabretti:

— Hoş geldin komşu, dedi.

Karga onu duymadı, huyu huyuna uymadı. Tilki ne dediyse karga tersledi, üstelik bir de pisledi. Pislik tilkinin başına düştü, ne yapacağını şaştı... "Ya sabır!" dedi, yine de kötü söz söylemedi.

Karganın yaptığı buydu, ormandaki herkes bunu duydu. Karga durmadan "Gak!" dedi, herkes tilkiye hak verdi.

Karga, iki yumurta yumurtladı, üstüne yattı...

Bir gün, ormanın yılanı, duydu
bütün olanı:

– Gidip tilkiye diyeyim, dedi; karganın yumurtalarını yiyeyim, dedi.
Tilki ondan kurtulsun, benim de karnım doysun...

Yılan, sinsice süzüldü, ağacın
dibine büzüldü. Tilki orada yoktu,
karga yılanı görünce korktu. Yılanı
da korkutmak istedi:

– Dostum tilki gelince seni yediririm, dedi.

Yılan, tilkinin yokluğunu da fırsat
bildi. Ağaca tırmanmaya niyet etti.

Karga yukarıdan bakıyordu,
yılan tırmanıyordu...

Yılan ağaca çıktıkça,
karga feryadı bastıkça,
bütün orman inledi,
hep hayvanlar dinledi.

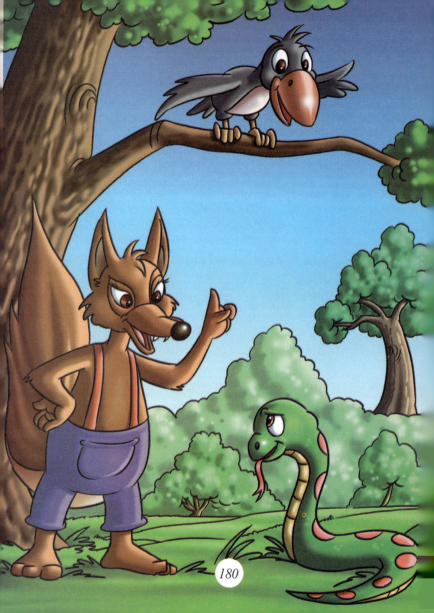

Tilki:

— Bu bizim karganın sesi, dedi.

Merak etti, koşarak yuvasına gitti. Tilki yılanı gördü:

— Ne yapıyorsun? diye sordu.

Yılan, bir şeyler diyecekti, tilki kuyruğundan tutup çekti. Tilki kargayı kurtardı, yılan şaşırıp kaldı... Eğer tutup çekmeseydi, yılan, yumurtaları yeseydi, karga uçup gidecekti, tilki rahat edecekti.

Tilki yılana öğüt verdi:

— Böyle şey olmaz, dedi... Karga benim komşumdur, komşu komşudan sorumludur. Komşusunu korumayan, bir gün, ettiğini bulur.

Yılan, kuyruğunu kıstı, sonra suratını astı. Geldiği gibi süzülüp gitti, hesapları bozulup gitti. Karga her şeyi görmüştü, tilkiye mahcup olmuştu. Tilki, kargayı utandırmadı, yaptıklarını yüzüne vurmadı. Karga hatasını anladı, daha dikkatli davrandı.

Herkes komşusunu sevdi, birbirine selam verdi.

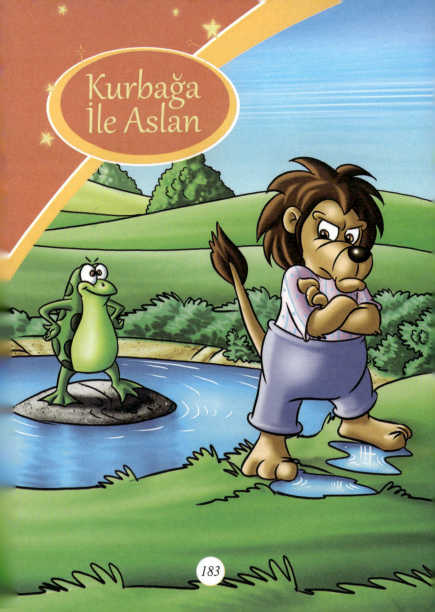

Kurbağa İle Aslan

Havalar çok sıcaktı, toprak bile buharlaşacaktı. Ormanlar kralı aslan iki gündür su arıyordu, boğazı, gittikçe kuruyordu. Uzaktan bir göl gördü, koşup sahibini sordu:

– Kimdir bu gölün sahibi? Bana bir yudum su verir mi?

– Sahibi kurbağadır, şimdi gelir, dediler... Kurbağa iyi kalplidir, sana su verir, dediler...

Aslan "kurbağa" sözünü duyunca suyun başına geçti:

– Kurbağadan da izin mi alacağım, deyip, doya doya içti.

Son yudumda geldi kurbağa, başladı bağırmaya:

– Vırak! Vırak!.. Su içmeyi bırak! Sen kimsin bana bak!..

– Ben ormanların kralıyım, eğer istersen bu suya

ortak olayım… Seni de ormana or-
tak edeyim, sen serbestçe gez dolaş,
ben de gölden su içeyim!

— Tamam! dedi kurbağa, anlaştı-
lar. Göl ile ormanı paylaştılar.

Aslan her gün bu gölden su içi-
yordu, kurbağa da korkusuzca or-
manda geziyordu…

Havalar daha da ısındı, sıcaklık arttı, neredeyse gölün suyu kuruyacaktı... Azaldı, azaldı, azaldı... Gölün dibinde bir tas su kaldı. En sonunda aslan onu da içti:

— Artık ortaklık bozuldu, dedi.

Kurbağa güldü:

— Vırak! Vırak!.. Haksızlık etmeyi bırak.

Aslan tekrar kükredi:

— İstersen savaşalım, dedi.

Kurbağa, aslanı şöyle bir süzdü, aslanın yanında çok güçsüzdü. Onunla savaşsa herkes gülerdi, aslan bir pençe atsa yarısı boşa giderdi.

Kurbağa sesini çıkarmadı, gülerek aslana baktı. Sonra dağlara göz gezdirdi:

– Hele sabah olsun, öyle konuşalım, dedi.

– Sabahı beklemeye gerek yok, olan oldu. Senin çok güvendiğin gölün kurudu. Artık bana gelip "ortağız" deme; benim ormanıma bir daha gelme.

Sabah olmuş, aslan uyanmış. Bir de bakmış ki kuyruğu ıslanmış. Göle su gelmiş, kuyruğu suda kalmış. Meğer yağmur mevsimiymiş, dağlara yağmur yağmış; sular sel olup akmış, gölün suyu çoğalmış.

Aslan gölden uzaklaşmış, akşam olunca yine yatmış. Sabahleyin kalkıp bakmış, yine kuyruğu ıslanmış. Aslan bu sefer kurbağadan utanmış.

Kurbağa aslana seslenmiş:

– Vırak! Vırak! Yine kuyruğun ıslak! demiş.

Aslan gölden uzaklaştıkça gölün suyu çoğalmış. Bütün her yeri kaplamış... Aslan, her akşam yatmış, her sabah kuyruğu ıslak kalkmış...

Aslan iyice uzaklara gitti, gölün suyu onu takip etti. Kurbağayla düşman oldu, yaptığına pişman oldu. Kuyruğunu sudan kurtaramadı, rahat huzur bulamadı.

Haksızlık yapan ettiğini bulur. Sözünde durmayanın kuyruğu hep ıslak kalır.

Yolunu
Kaybeden
Deve

195

Develer her gün yük çekerdi, sahibi ne yüklerse, deve alıp giderdi... İşten kaçan olmazdı, hiç kimse yükten kurtulamazdı.

Bir sabah bir deve erkenden kalktı:

— Su çiftliğin biraz dolaşayım, dedi.

"Oraya-buraya" giderken, deve yolunu kaybetti; sonunda yanlış yöne gitti. Çiftlikten çok uzaklaştı, iyice aklı karıştı... Hangi yöne gideceğini bilemiyordu, bir türlü geri dönemiyordu.

Akşam yaklaştı, deve iyice şaştı... Karanlık basarsa hayatı tehlikeye girecekti, vahşi hayvanlar onu yiyecekti... Demek ki kaderi buydu, geldiği yer, yolun sonuydu. Olanlar oldu, gözüne yaşlar doldu.

Eğer kuş olsaydı uçardı; tırmanabilseydi ağaca çıkardı. O bir deveydi, boynunu eğdi. Eski günlerini andı, ölüme hazırlandı. Her an ensesine vahşi bir hayvanın nefesi vuruyordu, demek ki "ömür" dediğimiz şey buydu... Tam bu sırada bir ses duydu, bir eşek anırıyordu... Sanki anırmıyordu da kurtuluş şarkısı söylüyordu.

Devenin, hayatında duyduğu en güzel ses buydu, bu ses onun kurtuluşuydu. Eşek bu sesle sevindi, coştu; sesin geldiği tarafa doğru koştu... Sesin sahibini görecekti, onu yanaklarından öpecekti. Nereye giderse gitsin, peşinden gidecekti.

Deve, can derdiyle koştu, sevgili eşeğine kavuştu. Nefes nefese geldi:

— Afedersin eşek kardeş, biz şimdi neredeyiz? dedi.

— Çiftlik yolunun üstündeyiz!

— Aman ne iyi!.. Demek çiftliğe gidiyorsun.

— Doğru diyorsun!

— Ben de seninle gelsem olur mu?

— Peşime takıl deve, böyle şey sorulur mu?

Eşek önde, deve peşinde, devenin keyfi yerinde. Epeyi yol gittiler, eşekle deve sohbet ettiler. Eşek bütün yolları biliyordu, deve eşeğe güveniyordu.

Gide gide hava karardı. Eşekle deve çiftliğe vardı. Devenin arkadaşları etrafını sardı:

— Nerdesin deve kardeş, senin yerine yükü biz çektik. O kadar çok yorulduk ki, neredeyse ölecektik.

— Hele siz bana sorun; sonuna geldim yolun!.. Eşeğe rastlamasaydım işim bitecekti; vahşi hayvanlar beni yiyecekti. Eşeğin peşine takıldım da yolu buldum. Bu sayede ölümden kurtuldum.

Birden karşısındaki deve kızdı, daha sonra ağzını bozdu:

— Nee! Demek sen bir eşeğin peşinden gittin ha!.. Yakıştı mı bu yaptığın, develiğin şanına? Keşke vahşi hayvanlar seni yeseydi, gözlerim seni burada görmeseydi... Develere yakışan bu değil, senin yaptığın doğru değil!

— Zaten benim nerem doğru? Eşek gösterdi doğru yolu... Size ben

yemin ederim, böyle duruma düşer-
sem, yine peşinden giderim.

Devenin düşüncesi buydu, bunu
bütün develer duydu... O günden
sonra her deve, eşeğin peşinden git-
ti. Ne bir zarara uğradı, ne de yolu-
nu kaybetti.

Bu durumda bütün develer, eşe-
ğin işi bildiğine karar ver-
diler. Sıra sıra dizildiler,
eşeğin peşinden gittiler.

O günden beri eşek
hep önde gider, diğer
bütün develer, eşeği takip
eder.

"Önemli olan ne
devedir, ne eşektir;
önemli olan, gideceği
yolu bilmektir."

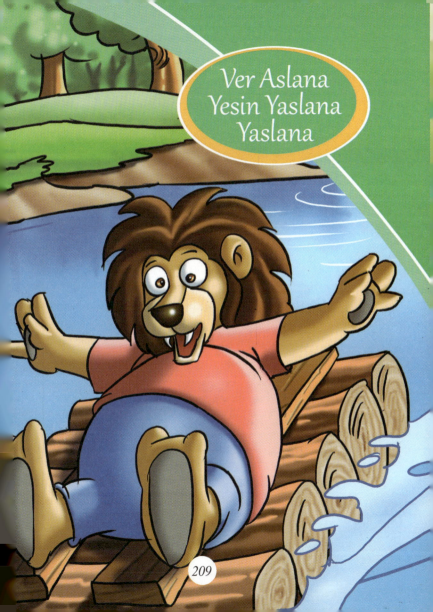

Ormanın bir köşesinde bir aslan yaşarmış. Aslanın sivri dişleri, kuvvetli pençeleri varmış. Bir kükrese, ormandaki her şey titrermiş, eline geçirdiği her hayvanı yermiş.

Aslan demişler buna, aslana karşı durulmaz; akşama kadar koşsa yorulmaz. Uzun bir kuyruğu varmış kırbaç gibi; karnı hiç doymazmış, hep aç gibi...

Gezer durur ormanın her yanını, tehlikeye sokar hayvanların canını... Bütün hayvanlar bıkmış aslanın bu halinden, kimin peşine düşse kurtulamaz elinden.

Aslanda bu iştah varken, ormanda hayvan kalmaz; aslan böyle dolaştıkça bu ormanda huzur olmaz.

Hayvanlar, korkusundan yuvasından

çıkmıyor, aslana görünmemek için camdan bile bakmıyor... Kapıları daima arkasından sürgülü, aslandan kurtulmanın acaba yok mu yolu?

Her zorluktan kurtulmanın mutlaka bir yolu olur, bu yolu bulsa bulsa, bizim yaşlı tilki bulur. Adı üstünde, tilki bu, aklı var zekâsı var; akıl böyle zamanlarda bir işe yarar.

Aramışlar, taramışlar, tilkiyi bulup yanına varmışlar:

– Bizi bu aslandan kurtar, diyerek yalvarmışlar.

– Olur! demiş tilki... Çaresine bakayım, aslanı kulağından tutup bu ormandan atayım!

Hayvanların hepsi gülmüş:

– Senin bildiğin

bu mu?.. Biz sana güvenmiştik, bu
dediğin oldu mu?.. Kim tutar kula-
ğından, aslan yerinde durmuyor!
Tilki galiba bunamış, ne dediğini
bilmiyor!

Tilki yine tekrar etmiş, daha da
ileri gitmiş:

— Aslanın yiyeceğini ayağına gö-
türelim, demiş.

Hayvanlar katıla katıla gülmüşler:

— Tilki delirdi, demişler.

Ama başka çare de yokmuş, her-
kes bu deliye uy-
muş. Görevi tilki
üstlenmiş, aslanın
yanına gelmiş:

— Sen kralımız-
sın, bunu biliyoruz,
koşup yorulmanı
istemiyoruz... Sen

yattığın yerde yat, biz yiyecek geti-
relim, sen ağzına at!.. Neden terle-
yeceksin av peşinde koşa koşa; biz
yiyeceğini getirelim, sen krallar gibi
yaşa!

Tilki daha bunun gibi çok diller
dökmüş, her söylediği söz, aslanın
hoşuna gitmiş:

– Hadi bakalım, başlayın! demiş.

Taşımışlar yiyecekleri aslana; as-
lan karnını doyurmuş yaslana yasla-
na...

Günler geçmiş, aylar geçmiş,
Aslan yemiş, yemiş, yemiş!.. Bir eli
yağda bir eli balda, yediği önünde,
yemediği arkasında...

Elini sıcak sudan soğuk suya sok-
mamış, yemiş içmiş, hiç ye-
rinden kalkmamış.

Bir gün:

– Kalkayım, demiş; kalkamamış.

– İki adım atayım, demiş, atama-
mış.

Meğer aslan, yiye yiye şişmiş; işi
bitmiş, eski çevikliği elden gitmiş.

Bizim aslan yata yata, yiyecekleri
yuta yuta, ayakları tutulmuş, karnı
davul gibi olmuş.

Hiç kalkıp dolaşmamış;
dere tepe aşmamış;
av peşinde koşma-
mış; kısacası,
sağlığı

kalmamış.

Aslana olanlar olmuş, tilki kulağından tutmuş:

— Bu ormandan gideceksin, demiş. Kendin bulup kendin yiyeceksin, demiş.

Aslanın gidecek hali mi var, tutunacak dalı mı var!.. Dallardan bir sal yapmışlar, aslanı üstüne atmışlar, dereden aşağı yollamışlar.

Dere, aslanı görünce köpürmüş, alıp uzaklara götürmüş. Aslan kendi haline bakmış, bu halinden utanmış:

— Kendi kendime ettim, demiş.

— Çalışmadan yedim, demiş.

Utancından bir daha geri dönememiş, bütün orman rahat etmiş.

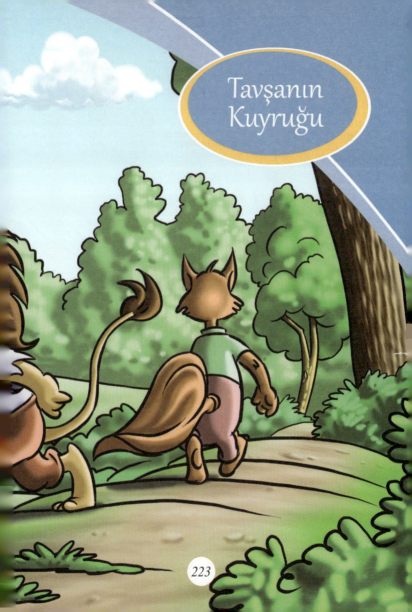

Tavşanın
Kuyruğu

Bir tavşanın yavrusu zıplayıp hopluyordu, kırlarda gezinerek papatyalar topluyordu. Keyfi yerinde, karnı toktu, etrafındaki hayvanlar pek çoktu..

Kimisi yürüyordu, kimisi koşuyordu, kimisi durup bir şeyler yiyordu... Kimisi zararsız; sincap gibi, ceylan gibi, at gibi; kimisi tehlikeli: Aslan gibi, tilki gibi, kurt gibi...

Hepsi farklı görünüyordu, farklı duruyor, farklı yürüyordu... Hepsinin rengi birbirinden farklı, ayrıca her birinin farklı farklıydı aklı...

Tavşan yavrusu bir o hayvanlara baktı, bir de kendisine baktı; sevindi:

– Ben hepsinden güzelim, dedi.

Çok övündü, gururlandı, kendini dünya güzeli sandı. Güzel olsan ne fayda, akıl olmazsa; akıl neye yarar ibret almazsa...

Tavşan yavrusu, burnu havada gezinirken bir şeye dikkat etti. Hayvanların salladığı kuyruk dikkatini çekti. Hayvanların kimisi yiyordu, kimisi geziyordu. Kimisi birbiriyle oynuyordu, kimisi etrafını kolluyordu... Ama ne yaparsa yapsın, hepsi kuyruğunu sallıyordu.

O zaman tavşan yavrusu kendini mutsuz saydı, kuyruğu, sallanamayacak kadar kısaydı. Çok üzüldü zavallı tavşan yavrusu:

— Kuyruğum kısa, diye...

— Kulaklarım uzun da kuyruğum kısa niye?

Tavşan yavrusu

da bu dert ile dertlendi, kuyruğunu çeke çeke uzatmaya niyetlendi... Başladı kuyruğunu çekmeye azar azar:

– Acaba kaç kere çekersem bu kuyruk uzar?

Başladı saymaya

-Bir, üç, beş... dedi.

Daha sayacaktı ama bildiği sayılar yetmedi. Kuyruğunu çeke bildiği kadar çekti. O kadar çok çekti ki sonunda yoruldu. Yorgunluktan, yattığı yerde uyudu...

Tavşan yavrusu uykusunda sabaha kadar uğraştı, sabahleyin kalkıp baktığında upuzun bir kuyruğu vardı. Sevincinden hopladı, kuyruğunu topladı

-Acaba gerçek mi? diye, eliyle yokladı.

Hemen yuvasından çıktı, kuyruğu-
nu salladı. Kuyruğuna değmemek
için herkes kendini kolladı. Akşama
kadar kuyruğunu sallayıp durdu,
akşam olunca kuyruğunu sallamak-
tan yoruldu... O yorgunlukla yuvası-
na gidip uykuya daldı, farkına var-
madan kuyruğu dışarıda kaldı.

O sırada bir tilki, kuyruğun ucunu
gördü, biraz yaklaşıp yanında dur-
du. İyice eğilip
dikkatle baktı,
iki eliyle tutup
dışarı çekti.

Şimdi kuy-
ruğun ucun-
da tavşan salla-
nıyordu, tilkinin
karnı açtı, ağzı
sulanıyordu. Tilki

230

231

ağzını açtı, tavşanın canı yandı. Büyük bir acı ile uykusundan uyandı.

Meğer hepsi rüyaymış, dönüp kuyruğuna bakmış. Kuyruğu yerindeymiş, dediklerinden utanmış. Keyfi yerine gelmiş, kuyruğu kısa olduğu için sevinmiş:

– Benim kuyruğum hepsinden güzel, demiş.

Sabah olunca yuvasından çıkmış, güzel bir hava, yeme-içme ile birlikte mutluluk bile bedava... Tavşan kendini üzmüş boş yere, herkesin kuyruğu kendine göre!.. Bundan sonra hiçbir şeyle kendini üzmemiş:

– Demek ki benim için en iyisi bu, demiş.

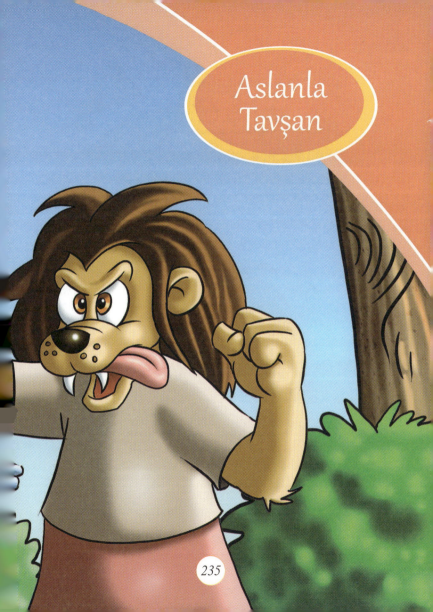

Aslanla
Tavşan

235

Ormanda yaprak kımıldamıyordu. Sıcaktan her yer yanıyordu. Bütün hayvanlar susmuştu, hepsi gölgeye koşmuştu.

Kral aslanın karnı açtı, bir lokma ekmeğe muhtaçtı. Susuzluk bir yandan açlık bir yandan, sıcaklık sarmıştı onu her yandan:

— Of! dedi, puf! dedi. En son yemeğini bir hafta önce yedi.

Kalktı, bir kaç adım attı, etrafına baktı, güneş gözünü yaktı... Karnı aç olmasaydı uyuyacaktı, herkes gibi bir gölge bulacaktı... Gölgeler bile fayda vermiyordu, güneşte kalanlar eriyordu.

Aslan biraz daha yürüdü, otların arasında iki kulak gördü. Bir tavşan gölgeye uzanmıştı, otların arasına yatmıştı. Kulakları onu ele verdi;

aslan yanına kadar geldi. Tehlike kapıya dayandı, o zaman tavşan uyandı. İş işten geçmişti, yakayı ele vermişti.

Aslan onu pençesine aldı, tavşan şaşırdı kaldı. Ne diyeceğini bileme-di:

— Gıdıklanıyorum! dedi.

Aslan, ağzını açtı, neredeyse tav-şanı yutacaktı. Tavşan onu eliyle itti:

— Yapma! Ayıptır! dedi... Seni görenler ne der? Küçücük tavşa-nı kim yer?..
Büyük av-
lar var
tombul
tombul,
git onlardan
birini bul!
— Öyle

ama hava sıcak, Kim avlanmaya çıkacak!.. Şimdilik seni yiyeyim, sonra yatıp dinleneyim!

Bu söz tavşanın hoşuna gitmedi:

– Sana yazlık bir saray yapayım, dedi... Orada yatar, orada yersin; sıcak havalarda dinlenirsin.

Kral aslan merak etti:

– Nasıl yapacaksın? dedi.

– Önce planını çizeceğim, sonra toprağı kazacağım. İyice kazarsam derin olur, toprağın altı serin olur.

Bu fikir aslanın hoşuna gitti:

– Hadi başla bakalım, dedi... Güzel olursa seni yemem! Başka bir şey istemem!

– Söz mü?

– Söz!

– Hadi bakalım kaz!

Tavşan kazmaya başlamış, o gün

bitmemiş:

— Yarın devam ederim, demiş.

Aslan, tavşanın kaçacağından şüphelenmiş:

— Bu gece burada yat! demiş.

— Yabancı yerde uyuyamam, beni anla! Eğer burada yatmamı istiyorsan, ayağında salla!

Aslan, tavşanı, "kaçmasın" diye kollamış, sabaha kadar ayağında sallamış. Sabah olunca tavşan işe başlamış, durmadan kazmış.

Akşama doğru saray bitmiş, tavşan gitmek istemiş. Aslan izin vermemiş; tavşan:

— Verdiğin söz nerde? demiş.

— Verdiğim sözü tutamam, sarayda aç yatamam! Karnım

doyarsa ancak uyurum. Kusura bakma, ben buyum...

Tavşan, kulaklarını dikti, boynunu büktü:

— Madem ki öyle, beni içeride ye!.. Sözünü tutamadığın duyulmasın, ormandakiler arasında yayılmasın.

Aslan mutlu oldu, sarayın kapısından, önce tavşan girdi, arkasından aslan daldı. İçeriye girince şaşırdı kaldı... Etrafa iyice baktı, tavşan içeride yoktu. Zannedersin ki yer yarılmış, içine kaçmış, meğer tavşan önceden, kendine kaçacak bir delik açmış. Aslan o delikten sığmıyormuş, bağırıp çağırıyormuş:

— Seni hain!.. Seni Yalancı!.. Beni kandırdın! Doğru söylediğine inandırdın!

Tavşan sessiz sakin, aslana ses-
lendi; ona nasihat verdi:

– Sözünü tutmayanın hali budur;
şimdi sarayında otur. Artık bundan
sonra sana kimse inanmaz, kral bile
olsan, krallığını kimse tanımaz...
Sözünü tutmayandan herkes uzak
durur, verdiği sözü tutmayan, her
zaman yalnız kalır!

Karganın Yuvası

Soğuk kış günleri sona ermiş, dağlar yeşermiş, ağaçlar çiçek açmıştı... Göçmen Kuşlar birer birer dönüyordu, leylek de döndü. Geçen sonbaharda ayrıldığı yuvasını görünce sevindi, süzülerek yuvasına indi. Derin bir nefes aldı, yuvasının altına üstüne baktı:

– Yuvam biraz dağılmış ama şimdi toparlarım. Bir-iki çalı çırpı ile eskisinden iyi yaparım, dedi.

Dert etmedi...

Tam işe koyulacaktı ki gözü güvencine ilişti. Güvencin de onu gördü, selam verdi:

– Hoş geldin leylek kardeş, dedi.

– Hoş bulduk güvercin. Nasıl geçti koca kış?

— Nasıl olsun, üşüdüm!.. Ya sen?

— İnanır mısın yandım, desem?

Leylek, gezdiği yerleri anlattı. Güvercin hayran kaldı... Dünyanın yarısı yazmış, yarısı kışmış. Yarısı donmuş, yarısı pişmiş.

Uzun uzun konuştuktan sonra güvercin uçup gitti. Leylek, yuvasına baktı:

— Şimdi nerden işe başlasam acaba? dedi.

Arkasından karga cevap verdi:

— Yuvamı terk etmekle işe başla...

— Ha?.. Sen de kimsin? Aaa! Karga!

— Beni tanımadın mı leylek?

— Tanıdım tabi... Boş bulundum bilmeyerek.

— Öyleyse hemen o yuvamdan aşağı in!

– Anlamadım, ne dedin?

– Yuvamı terk et, dedim. Üzerinde durduğun o yuva benim!

– Şaka mı söylüyorsun sen karga? Bu yuvanın benim olduğunu herkes bilir... Hatta sen de bilirsin

– Kim ne derse desin... Sen burayı terk ettin. Ben geldim yerleştim. Bu yuva benim olunca, burada kaldım kış boyunca...

– Ben yuvamı terk etmedim. Kısa bir zaman için gittim. Biz göçmen kuşlarız, kışın gideriz, yazın döneriz.

– Oh ne âlâ!.. Gez gez dolaş, sonra gel yerleş...

– Ormanda ağaç mı yok, bir yuva da sen kur. Senin de bir yuvam olur.

– Burayı bulmasaydım kurardım elbet... Sen

şimdi hemen yuvamı terk et!

– Karga kardeş, bu iş biraz uzadı galiba... Kafamı daha fazla kızdırmadan uzaklaş istersen...

– Büyüklüğüne mi güveniyorsun sen?.. Ben adalete güveniyorum. Bu yuva benim diyorum.

– Öyleyse gel beraber yargıç baykuşa gidelim.

– Olur, gidelim... O da beni kış boyunca gördü ki bu yuva benim.

Beraberce uçtular, baykuşun dalına kondular... Baykuş leyleği görünce gülümsedi:

– Ooo! Leylek, hoş geldin, dedi.

– Hoş bulduk baykuş, nasıl geçti bu kış?

Karga hemen araya girdi:

– Leyleğe selam

var da bana yok mu? dedi.

Baykuş gülümsedi:

– Leylek yeni döndü de... dedi.
Biz bütün kış beraberdik, her gün
birbirimizi gördük.

– Öyleyse yuvanın benim olduğu-
nu biliyorsun!

– Anlamadım, ne diyorsun?

Leylek kargaya baktı, baykuşa
açıklama yaptı:

– Ben yokken, karga yuvamı sa-
hiplendi.

Karga:
–Terk etmeseydin!
dedi.

Baykuş başını salladı.
Dava konusunu anladı:
karga bütün kış o
yuvada kalmıştı,
yuvanın sahibi

olduğunu sanmıştı:

— Yalan mı ? Sen de gördün, şahitsin.

— Leyleğin yuvasını terk et de iş bitsin!

— Ama bu karar doğru bir karar değil.

— O yuva da bir karga yuvası değil... O kocaman yuva orta yerde, başın girer yırtıcı kuşlarla derde... Yumurtalarını alıp giderler, yavrularını yerler. Bence daha gizli bir yerde yuva kurmalısın. Yavrularınla birlikte emniyette olmalısın.

— Ama kısa zamanda nasıl yuva kurayım?

Leylek hemen atıldı:

— Sana yardımcı olayım!

Karga buna çok

sevindi. Yargıç baykuş:

– Olur, dedi.

Leylekle karga uçtular, çalı çırpı topladılar. Kargaya güzel bir yuva yaptılar. Karga yuvaya çıktı. Sağına soluna baktı:

– Çok güzel oldu leylek kardeş, dedi... Ama galiba biraz leylek yuvasına benzedi.

– Benzer tabii, mimarı benim.

– Okur yazar olduğuna da eminim!

– Biraz bilirim... Okulların bacasına konar gelirim!

– Öyleyse şuraya bir tabela asalım, "karga yuvasıdır" diye yazalım... Leylek yuvası sanmasınlar, beni buradan kovmasınlar.

– Merak etme her leylek kendi yuvasını bilir.

– İyi öyleyse, önce teşekkür edeyim, sonra yuvanı tamir için sana yardıma geleyim.

– Aman! İstemem sağol… Sen de benim yuvamı karga yuvasına benzetirsin. Göçten dönüşte yuvamı bulamam. Bulsam da kargaların elinden alamam!

Her ikisi de güldüler. O yazı kardeş gibi geçirdiler.

Leylek her yıl göç eder. Gider gelir… Her kuş kendi yuvasını bilir.

KARGA YUVASIDIR

Ormandaki Hırsız

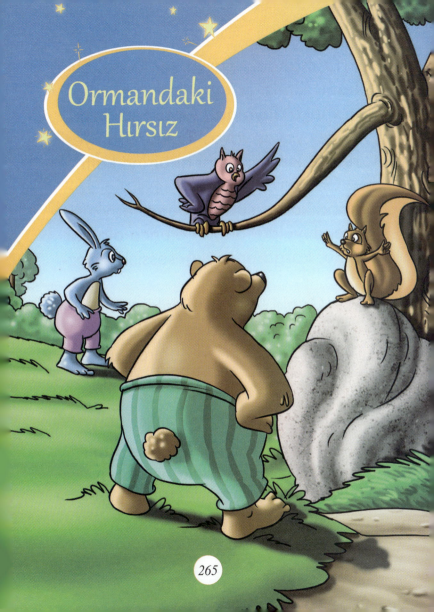

Ormandaki hayvanlar koştu, oynadı. Kimisi çok yoruldu, kimisi oynamaya doymadı. Akşam yaklaştı, güneş yavaş yavaş ufukta battı, yeşil renkle kırmızı rengi birbirine kattı.

Gece oldu, gecenin sessizliği sabaha kadar sürdü, sadece baykuşun sesi duyuldu. Sabah olunca olanlar oldu, karganın çığlığı sessizliği bozdu.

— Gaak!.. Cevizim yok!.. Cevizimi çaldılar, onu benden aldılar...

Karga durmadan bağırdı, uyuyanlar uyandı. Başını yuvasından çıkaran:

— Ne oldu? diye sordu.

Kimse bu soruya cevap veremiyordu, çünkü karmakarışık bağırıyordu:

— Gaak!.. Gaak!.. Gaak!..

– Hele şu kargaya bak!

– Ne olmuş?

– Cevizi kaybolmuş.

– Ağacın dibine bakın belki düş-müştür.

– Belki otların arasına karışmıştır.

Aradılar, taradılar cevize benzer bir şey bulamadılar. Karganın başına toplandılar:

– İyi hatırlıyor musun? Belki yedin, dediler.

Karga iyice kızdı, küplere bindi:

– Ben aptal mıyım? dedi.

Karga haklıydı, hem de çok akıllıydı. Bu ormanda kanun var, cevizi bulunmalıydı. O yana baktılar, bu yana baktılar, bir türlü bulamadılar. Sonunda hepsi ümidi kesti; tam bu sırada tavşanın yuvasından bir çığlık yükseldi:

— Koşun komşular koşun, havu-
cum çalınmış, dedi

Bu sefer herkes tavşanın yuvası-
na koştu. Havuçları koyduğu sepet
bomboştu. Tavşan anlattı, hepsi
dinledi:

— Sabaha bir havuç ayırmıştım,
sepet bomboş, dedi.

Ormandakiler geldiler, sepeti
incelediler:

— Eğer sepet buradaysa havuç
nerede? dediler.

Havucu da aradılar tardılar ama
bulamadılar. Oturdular, düşündü-
ler:

— Belki yedin, dediler.

Tavşan da kızdı, karga gibi küple-
re bindi:

— Ben aptal mıyım? dedi.

Tavşan haklıydı, karga kadar

akıllıydı. Madem ki kanun var, ha-
vuç bulunmalıydı. Tekrar aradılar,
her yere baktılar, bulamadılar. Hep-
si havuçtan da ümidi kesti, tam bu
sırada ayının ininden bir homurtu
geldi. Ayı:

— Armudum nerede? dedi.

Herkes ayının inine koştu, ayının
ini pek loştu. Birisi kibrit çaktı, etrafa
baktı. Armudu göremedi:

— Yoksa yedin mi? dedi.

— Yemek mi? Ne yemesi... Saba-
ha kadar sakladığım armudun en
iyisi...

— Zaten herkes öyle der: "Armu-
dun iyisini ayılar yer"

Ama bu sefer ayı, armudu yiye-
medi. Kimseye de bir şey diyemedi.
Aradan günler geçti, her gün hay-
vanlar şikâyet etti:

— Ormanda bir hırsız var, acaba kim?

— Ben ne bilirim!...

— Bir tutarsam onu, fena olur sonu!

Şikâyetler durmadan devam etti. Hırsızlık olayları bitmedi. Bir gün baykuş efendi, sincaptan şüphelendi. Ama bunu hiç kimseye söyleyemedi. Şikâyetler artınca bir-iki dostuna söyledi. Hepsi itiraz etti:

— Olmaz öyle şey, dediler...

— Sincap çok dürüsttür, iftira ettiler...

Baykuş ısrar etti:

— Sincabı fare ile arkadaşlık yaparken gördüm, dedi.

— Fare bunu yaptırır, doğru olanı yoldan saptırır.

— Gerçekten sincap çok iyi

huyludur. Fare ile arkadaşlık yapar-
sa olacağı budur.

Bütün hayvanlar sözleştiler, sinca-
ba nasihat ettiler. Sincap önce karşı
geldi, sonra boynunu eğdi:

– Tamam, dedi.

Sincap, fare ile arkadaşlığını bi-
tirdi, hırsızlık olayları sona erdi...
Demek ki arkadaşımızı iyi seçmeli-
yiz, Fare gibilerin peşinden gitme-
meliyiz.